CONTANDO

EN EL ZOOLÓGICO

Please visit our web site at: www.garethstevens.com
For a free color catalog describing our list of high-quality books,
call 1-800-542-2595 (USA) or 1-800-387-3178 (Canada).

Library of Congress Cataloging-in-Publication Data available upon request from publisher.

ISBN-13: 978-0-8368-8487-6 (lib. bdg.)
ISBN-10: 0-8368-8487-6 (lib. bdg.)
ISBN-13: 978-0-8368-8496-8 (softcover)
ISBN-10: 0-8368-8496-5 (softcover)

This edition first published in 2008 by
Weekly Reader® Books
An imprint of Gareth Stevens Publishing
1 Reader's Digest Road
Pleasantville, NY 10570-7000 USA

Copyright © 2008 by Gareth Stevens, Inc.

Managing editor: Dorothy L. Gibbs
Art direction: Tammy West

Spanish edition produced by A+ Media, Inc.
Editorial director: Julio Abreu
Chief translator: Luis Albores
Associate editor: Carolyn Schildgen
Graphic design: Faith Weeks

Photo credits: cover, pp. 3, 22 © Gary D. Landsman/Corbis; p. 4 © Nik Wheeler/Corbis;
p. 5 © William Manning/Corbis; p. 6 © Lon C. Diehl/Photo Edit; p. 7 Adam Jones/
Visuals Unlimited/Getty Images; p. 8 U.S. Fish and Wildlife Service; p. 9 Raymond Gehman/
National Geographic/Getty Images; p. 10 © Wolfgang Kaehler/Corbis; pp. 11, 24 (top left)
© Mark Newman/FLPA; p. 12 © Jim Merli/Visuals Unlimited; pp. 13, 24 (bottom left)
© David Hosking/FLPA; p. 14 Russell Pickering; p.15 © Inga Spence/Visuals Unlimited;
pp. 16, 24 (bottom right) © Klaus Hackenberg/zefa/Corbis; p. 17 © Warren Morgan/Corbis;
p. 18 © Mary Kate Denny/Photo Edit; p. 19 © Galen Rowell/Corbis; p. 20 Nina Buesing/Stone+/
Getty Images; p. 21 © Eric Wanders/Foto Natura/FLPA; pp. 23, 24 (top right) Guy Edwardes/
The Image Bank/Getty Images.

Printed in the United States of America

1 2 3 4 5 6 7 8 9 11 10 09 08 07

LAS MATEMÁTICAS EN NUESTRO MUNDO

CONTANDO
EN EL ZOOLÓGICO

por Amy Rauen

Consultora de lectura: Susan Nations, M.Ed.,
autora/tutora de alfabetización/consultora de desarrollo de la lectura
Consultora de matemáticas: Rhea Stewart, M.A.,
asesora en contenido matemático

WEEKLY READER®
PUBLISHING

Mi tía Nina me llevó al zoológico.

Me gusta el zoológico.
Es un lugar divertido.

En el zoológico hay muchos
animales.

Contamos animales todo el día.

¡1, 2, 3 leones!

Vimos 2 búhos.

Vimos 7 venados.
Vimos más venados que búhos.

Vimos 6 focas.

Vimos 3 osos.
Vimos menos osos que focas.

8

Vimos 8 tortugas.

Vimos 11 murciélagos. Vimos más
murciélagos que tortugas.

A mi tía Nina y a mí nos dio hambre.
Comimos el almuerzo.

Comimos cerca de un estanque.

Después vimos 14 patos.

Después vimos 9 peces.
Vimos menos peces que patos.

Vimos 4 chimpancés.

Vimos 10 pingüinos. Vimos más
pingüinos que chimpancés.

Vimos 20 ovejas.

Vimos 18 cigüeñas. Vimos menos cigüeñas que ovejas.

Después buscamos culebras.
Vimos 0 culebras.

Al final, vimos 4 lobos.

Vimos más lobos que culebras.

Glosario

menos que – Hay menos osos que lobos.

más que – Hay más patos que murciélagos.

Nota acerca de la autora

Amy Rauen es la autora de 13 libros de matemáticas para niños. También diseña y escribe software educativo. Amy vive en San Diego, California con su esposo y dos gatos.